AF500466

ENCYCLOPÉDIE

DES VIRAGES

OU RÉUNION, EXPÉRIMENTATION ET DESCRIPTION

DES MEILLEURS PROCÉDÉS

V

40405

ENCYCLOPÉDIE
DES VIRAGES

BIBLIOTHÈQUE NATIONALE
IMPRIMÉS

OU

RÉUNION, EXPÉRIMENTATION ET DESCRIPTION
DES MEILLEURS PROCÉDÉS

CONTENANT

TOUS LES RENSEIGNEMENTS NÉCESSAIRES POUR OBTENIR PHOTOGRAPHIQUEMENT
DES ÉPREUVES POSITIVES SUR PAPIER
AVEC UNE GRANDE VARIÉTÉ ET UNE GRANDE RICHESSE DE TONS

PAR ÉMILE GODARD
PHOTOGRAPHE

Deuxième Édition, revue et augmentée
Contenant la *Préparation des Sels d'or et d'argent*

ANGOULÊME
IMPRIMERIE CHARENTAISE DE A. NADAUD ET Ce
REMPART DESAIX, N° 26

1871

Toute traduction et reproduction sont interdites.

AVANT-PROPOS

POURQUOI ET COMMENT M'EST VENUE L'IDÉE DE FAIRE CE TRAITÉ. — SON BUT.

Il m'arrivait depuis quelque temps un nombre tellement considérable de demandes de renseignements et de questions (au fur et à mesure que l'emploi de mes Papiers se répandait), qu'il m'était devenu impossible de répondre, même d'une manière peu étendue, à tous ceux qui voulaient bien me consulter; c'est alors que la pensée me vint de faire, sous forme de brochure, une réponse détaillée, collective et générale, à toutes les questions qui m'ont été adressées jusqu'à ce jour.

Conservant l'ordre établi par tous ceux qui ont écrit sur la Photographie, j'ai divisé mon ouvrage par chapitres, chacun d'eux étant destiné à une des opérations particulières dont la réunion forme l'ensemble des manipulations nécessaires à l'obtention des épreuves photographiques sur papier;

seulement j'ai fait précéder chacun d'eux des diverses questions s'y rattachant et provoquant ainsi les réponses que j'ai à y faire, de sorte que ceux qui auraient à me consulter pour l'avenir pourront, en cherchant la question qu'ils auraient à me poser, trouver à la suite la réponse toute faite.

Quant au but que je me propose, il est fort simple : être utile (dans la proportion du savoir que la pratique et des communications obligeantes ont pu me faire acquérir) à tous ceux qui emploient déjà mes Papiers comme à ceux qui les emploieront lorsqu'ils les connaîtront, faciliter dans leur intérêt et dans le mien les moyens les plus simples et les plus certains d'obtenir de beaux résultats, voilà mon unique espoir.

Ce petit Traité devant être essentiellement pratique, j'ai écarté avec soin toutes les théories incertaines, les essais douteux, pour me renfermer spécialement dans les formules et l'emploi des substances dont l'expérience de tous les jours a pu me faire apprécier les résultats avantageux.

CHAPITRE PREMIER.

DU PAPIER ET DES QUALITÉS QU'IL DOIT POSSÉDER.

Le rôle que joue le Papier dans la Photographie est immense, et tous les Photographes connaissent son importance. Malheureusement il n'est pas de produit plus difficile à se procurer irréprochable. Placé comme je l'étais, au centre d'une population où cet article se fabrique sur une grande échelle, il est naturel que l'idée me soit venue de m'en occuper d'une manière spéciale. Le Papier destiné à produire des épreuves photographiques demande un choix extrême, et lorsqu'on énumère toutes les qualités qu'il doit réunir, il est facile de comprendre que ce n'est que par une suite d'essais de toutes sortes que l'on peut arriver à de bons résultats.

Ces qualités sont nombreuses. Les voici : grande pureté de la pâte et surtout d'un beau blanc, d'un encollage suffisant pour résister à de nombreux lavages; et cependant cet encollage ne doit être obtenu qu'avec des substances n'ayant aucune action nuisible pour la suite des opérations qu'il aura à subir, exempt de parcelles métalliques de toute nature, soit fer, cuivre, zinc, etc., etc., d'un grain très fin, d'une épaisseur convenable.

Ces qualités obtenues, reste la préparation à l'Albumine, qui est au moins d'une importance égale. Je veux saisir ici l'occasion qui m'est offerte pour constater que la fabrication française a fait des progrès immenses, et qu'aujourd'hui, grâce à des procédés de fabrication qui lui sont propres, elle n'a rien à envier à l'étranger. Les Papiers de Saxe et les Papiers anglais vantés pendant quelque temps outre mesure ont joui d'une réputation qui tend tous les jours à disparaître.

CHAPITRE II.

DE L'ALBUMINAGE ET DU PAPIER MAT.

Bien des substances ont été essayées pour remplacer l'Albumine de blanc d'œuf ou ajoutées à cette dernière pour en augmenter le brillant, mais l'expérience a démontré que rien ne pouvait la remplacer d'une manière convenable : des marchés considérables, et passés à l'avance, nous assurent ce produit pour les besoins de notre consommation.

On reproche souvent au Papier albuminé de ne pas être suivi, c'est-à-dire de rencontrer et des feuilles bonnes et des feuilles mauvaises; semblable reproche ne peut être adressé aux miens. Un atelier, des ouvrières et un matériel spécialement affectés à ce genre de fabrication me permettent d'offrir et d'obtenir des produits toujours identiques; et, mieux que tout cela encore, une surveillance active, des essais préalables se répétant tous les jours, assurent à mes produits la réputation dont ils jouissent.

Examinons maintenant quelles sont les qualités que l'on demande au Papier albuminé : beau brillant, uni et sans traces ou traînées d'albumine, ne rougissant pas les bains d'argent, se conservant blanc et ne jaunissant pas de suite après sa sensibilisation, enfin donnant au virage de beaux tons, d'une grande fraîcheur.

J'aurai occasion de revenir sur ces diverses qualités dans le courant de cet ouvrage; pour le moment, je ne veux parler que du brillant, et je dois dire tout d'abord qu'il n'y a aucune difficulté à l'obtenir. Mais comme l'excès en tout est un défaut, le virage est plus dur et plus long, et les épreuves par trop miroitantes perdent leurs qualités artistiques et finissent par ressembler aux lithographies gommées qui décorent les boîtes des confiseurs.

J'ai souvent reçu des lettres où l'on me recommandait au contraire un Papier pas trop brillant. Quoi qu'il en soit, il suffira d'indiquer ce que l'on désire pour que je m'empresse d'y satisfaire. Les Papiers simplement chlorurés n'étant que fort peu employés, je n'en parlerai que comme mémoire; je recommanderai mon Papier velouté mat, qui est un Papier chloruré perfectionné, donnant des noirs veloutés identiques à la gravure et se prêtant parfaitement à toute espèce de peinture et de retouche.

CHAPITRE III.

LES PAPIERS ALBUMINÉS CONSERVENT-ILS LONGTEMPS LEURS QUALITÉS SANS S'ALTÉRER?

Les avis sont fort partagés : selon quelques Photographes, les Papiers albuminés ne se conservent pas; aussi reçois-je souvent des lettres me demandant des Papiers fraîchement préparés, d'autres s'excusant de demander une faible quantité pour renouveler plus souvent; par contre, il y a quelques jours, j'en recevais une ainsi conçue :

Monsieur,

J'ai retrouvé dernièrement quelques feuilles de Papier albuminé de votre fabrication et qui m'étaient restées d'une commission que j'ai reçue de vous depuis plus d'un an; jamais je n'ai obtenu des tons aussi beaux et des résultats aussi parfaits qu'avec ces quelques feuilles. Veuillez m'en envoyer immédiatement, etc., etc.

Je puis dire avec certitude que, placés à l'abri de la poussière et de l'humidité, et dans une température moyenne, mes Papiers albuminés peuvent se conserver fort longtemps, même quelques années. Plus tard, et lorsque le temps m'aura permis d'en faire l'expérience, peut-être pourrai-je dire indéfiniment.

J'engage donc mes clients, dans leur intérêt, de demander à la fois leur consommation probable pour quelques mois, car les frais d'emballage et de port ne sont en réalité pas beaucoup plus élevés. Ainsi, cinq mains coûtent à bien peu de choses près comme une seule; c'est principalement pour les pays éloignés et l'étranger que cette économie est appréciable.

Lorsque les Papiers photographiques devront voyager en mer, je crois qu'il serait prudent de les renfermer dans des boîtes en ferblanc; ce mode d'emballage se fait d'ailleurs pour la plupart des objets délicats qui s'expédient de Paris et qui craignent les émanations qui se dégagent et pourraient les détériorer par suite d'une longue traversée.

CHAPITRE IV.

DU FORMAT DU PAPIER. — DE SON ÉPAISSEUR.

Le format carré ou coquille, soit 44 sur 56, a été adopté dès les commencements de la Photographie sur Papier; je crois que ce qui a fait choisir cette dimension est la grandeur de la plaque normale. En effet, une feuille coquille pliée en quatre donne bien 22 sur 28, ce qui est la grande plaque normale, plus la marge. Mes Papiers sont un peu plus grands, de trois centimètres de chaque côté, ce qui est avantageux pour la carte-album.

Depuis que l'on s'occupe des agrandissements, cette dimension de Papier devient insuffisante; il me sera facile de faire tel format que l'on voudra; l'épaisseur sera en raison de la dimension demandée; ceci s'applique aux Papiers albuminés comme aux Papiers chlorurés.

Les Papiers sont de deux forces ou épaisseurs :

Force ordinaire, 8 kilos la rame.
Épais, 10 — —

Le plus employé généralement est le 8 kilos ; cependant quelques opérateurs donnent la préférence au 10 kilos pour les épreuves de grandes dimensions.

Mon Papier ayant eu déjà les honneurs de la contrefaçon, je prie mes Collègues de bien s'assurer de la double garantie qui doit les mettre en garde contre l'authenticité douteuse de certains Papiers vendus comme provenant de ma fabrication. Cette double garantie de provenance consiste : 1° dans le format même du Papier, qui est plus grand ; 2° dans le cachet appliqué au dos de chaque feuille et portant les initiales E. G. et les armes de la ville d'Angoulême.

Le Papier marqué n° 1 vire aux tons noirs ; celui marqué n° 2 donne les tons sépia. Afin que chaque opérateur puisse choisir celui qui peut le mieux lui convenir, j'envoie des deux sortes à chaque première commission.

CHAPITRE V.

DE L'EAU.

QUELLE EST LA MEILLEURE A EMPLOYER, ET L'EAU DISTILLÉE EST-ELLE INDISPENSARLE POUR CERTAINES PRÉPARATIONS ?

Je n'ai nullement l'intention de faire ici l'analyse chimique de toutes les eaux qui se trouvent dans la nature ; ce travail dépasserait de beaucoup le cadre modeste que je me suis tracé ; je ne veux qu'indiquer celles auxquelles on doit donner la préférence et le moyen de corriger celles qui seraient défectueuses.

Suivant les conditions dans lesquelles ils se trouvent placés, les Photographes sont appelés à se servir d'eau de pluie, de fontaine, de rivière, de puits, de source, de lac, etc., etc. La plus convenable aux opérations photographiques est sans contredit l'eau de pluie recueillie avec soin à ciel ouvert ; elle peut même remplacer souvent et avec avantage certaines eaux distillées; elle est à peu près chimiquement pure, ne forme qu'un faible précipité avec le nitrate d'argent et autres réactifs; elle est neutre au papier de tournesol, c'est-à-dire qu'elle ne rougit pas le papier bleu de tournesol et ne ramène pas au bleu celui qui a été rougi par un acide; bien reposée et filtrée, elle ne laisse aucun résidu par l'évaporation; on peut donc s'en servir pour les bains d'argent, d'or, etc., etc.

L'eau de pluie qui passe sur les toits et que l'on recueille au moyen de gouttières est moins pure, car elle se charge de matières solubles, telles que le sulfate de chaux qu'elle dissout en passant sur les tuiles ou le plâtre qui se trouve sur le faîte des maisons. Voici donc le moyen le plus simple que je conseillerai pour la recueillir : prendre une toile carrée ou un calicot non apprêté, le tendre légèrement en l'attachant aux quatre coins, à une certaine distance du sol, poser dans le milieu un poids proportionnel d'une nature neutre (un caillou par exemple), de façon que la toile forme l'entonnoir, et placer dessous des vases pour la recevoir et la conserver.

L'eau distillée n'est pas toujours aussi pure qu'on pourrait le supposer; elle contient quelquefois de l'acide carbonique, de l'ammoniaque, du plomb, du cuivre provenant des appareils distillatoires; ainsi, un serpentin qui n'a pas servi depuis longtemps donne de l'eau chargée d'oxyde de plomb. Pour être pure, l'eau distillée doit être incolore, inodore, insipide ; ne doit pas précipiter par l'azotate d'argent, l'eau de chaux, le chlorure de baryum ou l'azotate de baryte, l'oxalate d'ammoniaque, le sulfhydrate d'ammoniaque, le cyanure jaune, la teinture de noix de galle ; elle ne doit pas non plus réagir sur le chlorure d'or, sur la couleur du tournesol, ni laisser de résidu par l'évaporation.

Les eaux de puits contiennent souvent des sels calcaires ; elles sont *dures* et *crues ;* elles caillebottent le savon ou le concentrent en flocons. On peut, pour se servir de cette eau, la faire bouillir, puis la décanter après le refroidissement et la filtrer.

Dans l'eau des sources, des rivières et des étangs, on rencontre quelquefois de l'acide carbonique, de l'argile, du fer, des terres calcaires, du sulfate de chaux, etc. ; mais épurées par le charbon et filtrées avec soin, elles peuvent servir pour tous les lavages.

La filtration de l'eau se fait ordinairement au moyen d'une fontaine filtrante en pierre ; on obtient avec la chausse exactement le même résultat.

Les qualités antiputrides et décolorantes du charbon de bois peuvent être avantageusement mises à profit ; on peut donc faire construire des filtres dépu-

BIBLIOTHÈQUE NATIONALE R.F. IMPRIMÉS

rateurs dont l'intérieur sera garni de feuilles de plomb; au milieu, une cloison fixe et percée de petits trous recevra deux couches de sable séparées par une couche de charbon; à la partie inférieure sera placé un robinet pour obtenir l'eau épurée; il est nécessaire qu'il existe contre une des parois un petit tube communiquant avec le compartiment inférieur pour le dégagement de l'air contenu dans l'espace. Chaque opérateur, avec ces indications, pourra faire construire un filtre à sa fantaisie.

L'eau filtrée par le charbon se conserve indéfiniment dans des vases fermés ou des tonneaux bouchés, surtout si l'on y ajoute 2 à 3 pour 100 d'alcool. Quelle que soit l'eau dont on fasse usage, il est toujours utile et même indispensable de la filtrer avant de s'en servir.

CHAPITRE VI.

DU NITRATE D'ARGENT ET DE SA PRÉPARATION.

En attendant que les procédés au charbon et à l'encre de Chine soient perfectionnés et devenus pratiques, le nitrate ou azotate d'argent reste l'âme de la Photographie; je ne saurais donc trop recommander de s'assurer de la parfaite qualité de ce produit et de ne s'adresser qu'à des maisons recommandables pour se le procurer. Le nitrate d'argent s'emploie cristallisé, fondu blanc ou gris. Dans le principe, et lors des premières années de la Photographie sur Papier, le nitrate cristallisé était seul en usage; depuis, et dans l'espoir d'obtenir ce sel plus pur, quelques opérateurs ont eu l'idée de se servir du nitrate fondu blanc. Je dois dire tout d'abord que leur espoir a été déçu, car la falsification est beaucoup plus facile qu'avec le nitrate cristallisé. Ce dernier sel ne peut en effet contenir qu'un excès d'acide nitrique ou d'eau de cristallisation pour en augmenter le poids, tandis que le nitrate fondu est principalement sophistiqué par les azotates de plomb, de zinc, de cuivre et de soude ou de potasse, ces derniers surtout dans d'assez fortes proportions. Les trois premiers sels peuvent provenir de l'emploi d'argent impur, mais la présence de l'azotate de potasse est une addition frauduleuse faite au moment de couler, lorsque le nitrate est en fusion. On peut reconnaître, à première vue, que l'azotate d'argent fondu contient du nitrate de potasse ou de soude, s'il est cassant et incolore et si la cassure présente, au lieu d'une cristallisation radiée, une cristallisation circulaire. Pour en reconnaître la quantité, il faudrait faire l'essai par la voie humide.

Quelques Photographes ont la persuasion que le nitrate d'argent fondu gris est toujours pur; c'est là une erreur, car non-seulement il peut contenir de l'azotate de potasse, mais encore de l'azotate de cuivre. Cette teinte grise provient de l'oxyde noir ou bi-oxyde de cuivre résultant de la décomposition, par la chaleur, de l'azotate de cuivre qui se trouvait dans l'azotate d'argent, surtout si l'on s'est servi des dernières eaux-mères, qui en contiennent davantage, en ce sens que le nitrate de cuivre est beaucoup plus difficilement cristallisable que le nitrate d'argent; on peut encore attribuer cette coloration à une transformation, sous l'influence de la chaleur, d'une faible partie d'azotate d'argent en azotite d'argent, principalement si l'on a chauffé au delà du rouge sombre.

Plusieurs Photographes font leur nitrate et même leur chlorure d'or. La préparation du nitrate d'argent n'offre aucune difficulté; celle du chlorure d'or demande une certaine habitude de manipulation. Voici la manière la plus simple pour préparer le nitrate d'argent cristallisé : mettez dans une capsule de porcelaine 100 grammes argent vierge; versez dessus 140 grammes acide azotique étendu de moitié d'eau distillée; chauffez doucement sur un fourneau placé sous une cheminée ou en plein air, pour éviter de respirer les vapeurs qui se dégagent. Lorsque l'argent sera dissous, ce qui a lieu ordinairement au moment où les vapeurs rousses cessent de se produire, on laisse évaporer à très petit feu jusqu'à commencement de cristallisation; il ne reste plus qu'à abandonner le nitrate à lui-même et à recueillir les cristaux qui se forment. Ce nitrate simplement cristallisé retient une certaine proportion d'acide nitrique libre; il peut être employé ainsi, surtout pour la préparation du Papier positif. Si l'on voulait l'obtenir plus pur, il faudrait le faire redissoudre dans moitié de son poids d'eau distillée chaude, le filtrer et le faire recristalliser de nouveau; on peut aussi débarrasser le nitrate de son excédant d'acide en plaçant les cristaux dans un entonnoir et versant dessus une petite quantité d'eau distillée.

Pour obtenir le nitrate fondu, il faut faire fondre dans une capsule le nitrate cristallisé ; lorsque la matière est en fusion tranquille, on verse dans des assiettes préalablement chauffées ; si l'on chauffait trop, il y aurait décomposition d'une partie de l'azotate d'argent et perte. 100 grammes d'argent vierge doivent donner de 150 à 155 grammes de nitrate cristallisé et 145 à 150 de nitrate recristallisé ou fondu, si l'opération a été bien faite. Je conseillerai de se servir de préférence de l'argent vierge et non de pièces de monnaie ou d'argent d'orfévrerie, contenant toujours au moins un dixième de cuivre, qu'il est facile d'éliminer, c'est vrai, mais qui augmente les manipulations et n'offre aucun avantage sous le rapport de l'économie.

CHAPITRE VII.

DU BAIN D'ARGENT OU COUCHE SENSIBLE. DE SA NATURE ET DE SA FORMATION.

La sensibilisation du Papier est une des opérations les plus importantes, et tout le succès dépend le plus souvent de la nature et de la formation du chlorure d'argent ou couche sensible déposée sur le Papier.

Voici quelle est, en principe, la composition du chlorure d'argent. D'après l'analyse quantitative et les tables de Poggendorff, 1 gramme de chlorure d'argent séché contient :

Chlore.........................	0,24 670
Argent.........................	0,75 330
	1,00 000

ou bien : 1 gramme de nitrate d'argent dissous dans l'eau distillée sera précipité par 0,365 de chlorure de sodium, sans que la partie claire (après le dépôt du chlorure d'argent formé) ne puisse être troublée ni par une solution de chlorure, ni par une nouvelle addition de nitrate d'argent.

La couche de chlorure d'argent déposée sur la feuille de Papier doit donc se rapprocher le plus possible de cette donnée; cependant l'expérience a démontré que l'argent devait être un peu en excès.

Le système de la Photographie sur Papier est basé sur l'altération que subit le chlorure d'argent exposé à la lumière directe du soleil et même à la lumière diffuse; il brunit en dégageant du chlore et se transforme en sous-chlorure d'argent. Conservé dans un flacon rempli de chlore humide, il resterait blanc.

Le papier albuminé contient déjà le chlorure simple, il ne reste plus que la préparation du bain d'argent devant former plus tard la couche sensible. Les bains d'argent ont été indiqués à 15, 18 et 20 pour 100. Avec mes Papiers, les bains doivent être de 12 à 14 pour 100 et 15 au plus; on peut même obtenir de bonnes épreuves avec des bains à 10 et 8 pour 100. Mais il faut des clichés vigoureux et un peu heurtés.

Le bain d'argent s'appauvrit par suite de la formation du chlorure d'argent. On ne peut préciser d'une manière bien exacte ce que chaque feuille absorbe de nitrate d'argent; les essais ont constaté approximativement de 3 à 4 grammes par feuille de 44 centimètres sur 56. Pour le liquide restant, il faut tenir compte de la température; en été, par exemple, si l'on prépare sur une cuvette d'une grande surface, la chaleur absorbera une certaine quantité de liquide et le bain sera comparativement moins appauvri que par des temps humides. C'est à l'opérateur à régulariser autant que possible la force de son bain d'argent, afin de le maintenir au même titre et dans des conditions à peu près identiques.

Si le bain d'argent est trop faible, l'épreuve ne prendra sous le châssis aucune vigueur, les grands noirs n'auront pas d'intensité, les demi-teintes ne s'accuseront que faiblement avec un temps d'exposition même prolongé, et le meilleur cliché ne produira que des épreuves uniformes et sans modelé. Si au contraire le bain est trop concentré, l'excès de nitrate contenu dans la solution ne trouvant pas dans la couche d'albumine une quantité suffisante de chlorure pour former sa combinaison, l'excès de nitrate restera, en se divisant, sur la surface de la feuille, et produira, en séchant, des bulles ou gouttelettes ayant l'aspect de traces huileuses, qui persisteront et formeront, après le virage et le fixage, des taches bleues qui dépareront l'épreuve. En suivant les proportions que j'indique plus haut, on évitera ces deux causes d'accidents également nuisibles.

Pour se rendre compte de la nature et de la concentration de son bain d'argent, il est utile d'avoir à sa disposition du papier tournesol, une éprouvette et un pèse-sels, si surtout la solution ne contient que du nitrate d'argent. Il est évident que chimiquement on n'aura pas le degré exact de l'argent contenu dans la solution si elle a servi, mais la variation sera peu sensible. Il existe un autre moyen, qui est l'analyse par la voie humide, avec une solution titrée de chlorure de sodium dans l'eau distillée; mais ce moyen est plus long. Si le bain n'est pas au titre que l'on désire, il est facile d'y remédier, en ajoutant du nitrate d'argent s'il est trop faible, ou de l'eau distillée s'il est trop fort.

Le bain d'argent doit-il être acide, neutre ou alcalin? Il a paru une foule de formules conseillant chacune une addition quelconque au bain d'argent, les unes de nitrate d'ammoniaque, d'autres de nitrate de soude, d'autres enfin d'acide acétique, — d'alcool, — d'ammoniaque, etc., etc. Toutes ces additions ayant pour but, suivant leurs auteurs, de coaguler l'albumine (ces précautions sont au moins inutiles, l'albumine de mes Papiers étant coagulée assez convenablement), le bain d'argent doit être préparé avec le nitrate cristallisé et l'eau distillée ou de pluie. Voici les avantages que peuvent présenter les bains acides et les bains alcalins : le bain à l'ammonio-nitrate, très prôné pendant quelque temps, est un bain d'argent neutre auquel on a ajouté une ou deux gouttes d'ammoniaque par 100 grammes d'eau, le chlorure d'argent à base ammoniacale étant plus sensible que le chlorure d'argent neutre; on pourra s'en servir pour la mauvaise *saison*, alors que la lumière est faible. Mais le papier préparé ainsi s'altère très vite et jaunit même à l'obscurité; de plus, après la préparation de quelques feuilles, le bain devient rouge-brun. Mes Papiers ne salissent pas le bain d'argent, à moins que celui-ci ne soit trop alcalin, ce qui ferait également perdre au papier albuminé son éclat et son brillant. Si ce fait se présentait, il suffirait d'ajouter au bain d'argent quelques grammes de kaolin en poudre, l'agiter, laisser reposer et filtrer. Les bains acidulés, qu'ils soient faits avec un nitrate d'argent acide (le nitrate obtenu dans sa première eau de cristallisation) ou qu'on y ajoute quelques gouttes d'acide nitrique (s'ils sont neutres), ont la propriété de conserver plus longtemps blancs les Papiers préparés; il faut tenir compte cependant qu'un bain trop acide empêcherait le Papier de virer.

CHAPITRE VIII.

DE LA PRÉPARATION DU PAPIER AU BAIN D'ARGENT.

La préparation du Papier ne présente aucune difficulté, et la question de savoir combien de temps la feuille doit être en contact avec la solution sensible n'a pas l'importance qu'on lui accorde d'ordinaire. Le chlorure d'argent étant insoluble dans l'eau, il n'y a pas d'inconvénient à ce qu'elle y reste un peu plus longtemps. Il y a deux moyens de connaître si le Papier est resté trop ou trop peu sur le bain : si la feuille n'a pas séjourné assez longtemps, la combinaison n'a pu se faire en entier, et nous retrouvons les accidents produits par un bain trop faible, accidents que j'ai décrits dans le chapitre précédent; si au contraire la feuille demeure par trop en contact avec la solution d'argent, le nitrate, après la formation du chlorure, traverse la couche d'albumine, et il se forme dans la pâte même du Papier une seconde couche sensible d'une autre nature qui peut nuire à la fraîcheur de l'épreuve et à sa conservation. Il sera facile de s'apercevoir de cette seconde suite d'accidents en examinant à l'envers le Papier qui aura été impressionné ; on distingue dans ce cas, indépendamment de l'épreuve qui se trouve sur la couche albuminée, une seconde épreuve dans la pâte même du Papier.

Par une température moyenne, trois à quatre minutes suffisent ; en hiver, on pourra prolonger suivant l'intensité du froid. Dans les grands ateliers de Photographie, où l'on a besoin d'un tirage nombreux, le Papier se prépare sur deux cuvettes : le temps d'enlever la feuille de dessus l'une d'elles, de la suspendre et de la remplacer par une nouvelle permet de reprendre la feuille de l'autre cuvette, et ainsi de suite ; on économise ainsi beaucoup de temps. Il faut enlever la feuille avec soin, par un coin et lentement, afin de faciliter l'excédant de liquide à se rassembler dans l'angle inférieur, et y appliquer une petite bandelette de papier buvard pour faciliter l'écoulement des quelques gouttelettes restantes. Le Papier sèche suspendu soit aux étagères du laboratoire, soit accroché à des cordes tendues ; on peut se servir également de petites pinces en bois et à ressort comme en emploient les marchands de gravures. Le Papier une fois sec doit être mis à plat dans un buvard spécial ; il s'altère moins vite et ne reste pas enroulé, ce qui est fort ennuyeux pour l'étendre sur le cliché. Quelques opérateurs font usage d'une boîte en ferblanc contenant du chlorure de calcium. Si l'on se sert d'un bain à l'ammonio-nitrate, il faudra diminuer et réduire à une minute ou une minute et demie le temps à rester sur le bain, car l'ammoniaque possède un degré de pénétrabilité très grand. Les cuvettes en porcelaine sont généralement préférables ; elles doivent être spécialement réservées pour cette préparation, qui d'ailleurs se renouvelle tous les jours. Quand on fait usage d'un bain trop acide pour conserver plus longtemps le Papier, il arrive qu'après la préparation de dix à douze feuilles, la solution prend une légère teinte rouge-jaune. Ce fait ne tient pas à la décomposition de l'albumine, il est dû à un précipité qui se forme et reste en suspension ; la preuve, c'est que par le repos ce précipité se dépose au fond du flacon et qu'on l'élimine en filtrant. Le bain rougi par l'albumine ne se décolore ni par le repos ni par la filtration, il faut l'emploi du noir animal ou du kaolin. C'est principalement pendant les grandes chaleurs que le bain d'argent est le plus susceptible de prendre une teinte brune plus ou moins foncée ; si le bain d'argent ne se décolorait pas par l'emploi seul du kaolin, on pourrait le faire chauffer jusqu'à l'ébullition dans une capsule de porcelaine en ajoutant quelques gouttes d'acide azotique ; après le refroidissement, on filtre ; on peut à nouveau y ajouter un peu de kaolin.

CHAPITRE IX.

DU TIRAGE DES ÉPREUVES.

Le talent de bien faire l'impression des épreuves sur Papier sensibilisé s'acquiert par l'habitude, et il n'est pas un seul Photographe à qui la pratique n'en ait enseigné sur cette opération plus que tous les ouvrages qui ont paru sur la Photographie ; je dois dire cependant que selon le virage que l'on devra employer il sera nécessaire d'impressionner plus ou moins l'épreuve sous le châssis. Les virages aux sels de soude demandent des épreuves moins vigoureuses que les virages au chlorure de chaux, l'action de ce dernier étant plus forte. Je saisirai ici l'occasion qui se présente d'indiquer un moyen pour obtenir, même avec des clichés faibles et uniformes, des épreuves ayant un certain modelé et qu'il serait difficile d'avoir autrement.

La Photographie a fait de tels progrès, qu'aujourd'hui tous les opérateurs obtiennent, et presque à coup sûr, d'excellents négatifs; mais cependant il peut se présenter telle ou telle circonstance où le meilleur Photographe se trouvera dans des conditions si désavantageuses d'éclairage, qu'il ne pourra produire qu'un cliché sans vigueur, même avec le renforçage. Il suffit d'interposer entre la glace du châssis et le cliché jugé trop faible, une feuille de papier très pur par transparence ou un verre dépoli. L'épaisseur du papier sera en raison de l'uniformité du cliché; s'il y a nécessité, on mettra même le papier double. J'ai fait souvent cette expérience, et des épreuves faites à nu, puis avec un papier, puis deux, ont donné des différences telles, que les images ne paraissaient pas obtenues avec le même négatif. Si l'on applique le papier sur la glace du châssis, en dehors, les résultats sont les mêmes.

Les châssis-presses à ressort ont remplacé aujourd'hui ceux à vis dont on se servait autrefois et qui avaient l'inconvénient de casser souvent les clichés; il était très difficile en effet de serrer juste au même point quatre ou six vis. Cependant il peut arriver, et malheureusement cela arrive quelquefois, qu'en vérifiant une épreuve sous le châssis, on trouve un cliché en plusieurs morceaux. Si le négatif brisé n'est pas trop vigoureux, il y a moyen d'y remédier. Le plus simple serait certainement de faire reposer le modèle; mais souvent le modèle n'est plus, ou il est éloigné; c'est toujours à ces négatifs que les malheurs arrivent.

Et puis, qui sait, la physionomie du cliché nouveau plairait-elle autant que celle du cliché brisé ? C'est douteux, car rien n'est si beau que ce qu'on ne peut plus avoir. Il faut donc trouver un moyen, et le voici : on choisit une glace ou verre identiquement de la même grandeur que le négatif cassé, on rassemble exactement les morceaux sur cette autre glace, qui devient support ; on colle autour des bandelettes de papier qui tiennent le tout et donnent au cliché ainsi encadré l'aspect d'un passe-partout. Si le négatif n'est pas trop fort, on interpose, comme je l'ai dit plus haut, une feuille de papier, et l'on expose à la lumière diffuse ; les fentes de la cassure paraîtront peu ou pas, si surtout les lignes sont droites, sans écailles.

Si le Papier a été préparé avec un bain à l'ammonio-nitrate ou avec addition d'un autre sel alcalin, l'épreuve prendra sous le châssis un beau ton noir-bleu-violacé, qui fait souvent regretter que l'épreuve ainsi obtenue ne soit pas permanente. Malheureusement les Papiers préparés avec des bains alcalins dévirent le plus souvent au fixage à l'hyposulfite ; on a proposé l'emploi d'un Papier fumigé à l'ammoniaque pour obvier à l'inconvénient du bain à l'ammonio-nitrate, qui, dit-on, ne coagule l'albumine qu'à la condition de contenir une certaine quantité d'alcool. Cette préparation ne permet pas de conserver le Papier longtemps, surtout pendant les chaleurs de l'été, car il a une tendance à jaunir très vite. Si le Papier a été préparé avec un bain légèrement acide, il prendra de préférence en s'impressionnant une teinte violacée-pourprée. Il sera toujours préférable d'employer le Papier le plus tôt possible après sa préparation, le même jour, par exemple, et les blancs seront toujours plus purs, surtout si l'on veut des portraits en dégradés. Les ciels, les nuages et les fonds de paysages s'obtiennent souvent d'une manière factice; les ciels et les fonds viennent d'abord, puis le paysage. C'est un tour de main qui dépend de l'habileté de l'opérateur. Quelques-uns y réussissent très bien.

Il arrive souvent que lorsque les épreuves sont au virage, on s'aperçoit qu'il se produit sur quelques-unes des taches rougeâtres où le liquide ne veut pas s'arrêter, et où, par conséquent, l'action du virage n'a pas lieu; cela provient du contact graisseux des doigts qui ont été appliqués sur le côté préparé du Papier; c'est principalement en été que ces petits accidents sont le plus fréquents.

CHAPITRE X.

DES LAVAGES PRÉALABLES AU VIRAGE.

Les différents lavages que l'on fait subir aux épreuves avant de les soumettre à l'action du virage ont pour but d'enlever le nitrate libre non attaqué par la lumière, et dont la présence n'est plus utile.

Quelques Photographes, afin de simplifier les manipulations, négligent cette précaution; cependant, si elle n'est pas indispensable, elle a du moins sa raison d'être. En effet, les parties de la feuille de Papier sensible qui se sont trouvées, lors de l'exposition sous le châssis, à l'abri de la décomposition de la lumière, protégées qu'elles étaient par les grands noirs du négatif, et qui sont naturellement restées intactes pour former plus tard les blancs de l'épreuve positive, n'ont plus aucune utilité, l'action du virage n'ayant lieu que sur les noirs de l'épreuve et sur les demi-teintes. C'est pourquoi la pratique, d'acord avec la théorie, recommande des lavages fréquents avant le virage pour la conservation et la pureté des blancs.

Les lavages et les virages doivent se faire dans un demi-jour; c'est ordinairement le soir et après le travail de la journée que cette opération a lieu; toutes les épreuves sont alors réunies et immergées dans une bassine, où, suivant la nature de l'eau employée, elles abandonnent une portion de l'argent non réduit par la lumière; cette première eau est changée au bout de quelques minutes et remplacée par une seconde, dans laquelle on pourra ajouter quelques gouttes d'une solution concentrée de sel marin; on agitera pour aider à la formation du chlorure d'argent, et après avoir changé l'eau encore une fois ou deux, les épreuves seront prêtes à être virées. La cuvette destinée aux lavages préalables et les mains de l'opérateur doivent être de la plus grande propreté; éviter surtout le contact de l'hyposulfite, il se produirait sur les épreuves des taches ineffaçables. Quelques formules de virage contiennent de l'hyposulfite de soude, et alors l'action du virage et du fixage se produit par la même opération et avec le même bain; on peut en ce cas supprimer les lavages. Je donnerai une ou deux de ces formules, sans cependant les recommander d'une manière spéciale.

Toutes les eaux des lavages doivent être soigneusement recueillies pour en retirer l'argent qu'elles contiennent.

CHAPITRE XI.

DU CHLORURE D'OR ET DE SA PRÉPARATION.

La pureté du chlorure d'or est aussi indispensable pour les virages que celle du nitrate d'argent l'est pour l'obtention des épreuves. Parmi les produits chimiques employés en Photographie, le chlorure d'or est celui qui subit le plus de falsifications en raison de son prix élevé.

La préparation du chlorure d'or demande quelques soins et un peu d'habitude, plusieurs Photographes le préparent eux-mêmes. Le chlorure d'or s'obtient en attaquant l'or par l'eau régale (mélange des acides chlorhydrique et azotique) et en évaporant la liqueur, de manière à chasser l'excès d'acide sans décomposer le chlore. Voici la manière de le préparer :

Or laminé..................	10 gr.
Acide nitrique..............	10
Acide chlorhydrique........	30

Faites dissoudre l'or dans le mélange des deux acides en opérant dans une capsule de porcelaine ; chauffez légèrement pour favoriser la dissolution ; évaporez la liqueur jusqu'à ce que les vapeurs de chlore commencent à s'en dégager ; laissez cristalliser.

Par le refroidissement, le chlorure d'or cristallise en une seule masse que l'on divise par fragments. Ce sel étant très déliquescent, il sera utile de l'introduire promptement dans un flacon à l'émeri bien sec. 10 grammes d'or pur employés doivent donner 15 grammes de chlorure d'or.

M. Gelis, un chimiste fort habile, a recommandé depuis quelque temps l'usage du chlorure double d'or et de potassium (chloro-aurate de potassium). Ce sel composé peut en effet donner de bons résultats. On peut également se servir du chlorure d'or et de sodium (chloro-aurate de sodium), puisque quelques formules de virage contiennent de ce dernier sel ; mais il faut remarquer que ce sel composé renferme au moins 16 pour 100 de chlorure de sodium ; c'est ce qui explique qu'il ne faut pas être étonné du petit nombre d'épreuves qu'un gramme peut faire virer. Ces sels doubles ont pour avantages d'être plus stables que le chlorure d'or simple.

La préparation du chlorure double, d'or et de

sodium, n'offre aucune difficulté. En voici la formule :

Or laminé...........	10 gr.	Acide chlorhydrique	30 gr.
Acide nitrique......	10	Chlorure de sodium.	3

Le chlorure d'or simple étant obtenu comme précédemment, faites-le dissoudre dans de l'eau distillée, ajoutez le chlorure de sodium, évaporez à légère pellicule et laissez cristalliser. Le chlorure d'or et de sodium est inaltérable à l'air. Si l'on voulait faire l'essai des chlorures d'or simples et composés, par la calcination, 100 parties de chlorure d'or simple doivent donner 66 parties d'or métallique, et 100 parties de chlorure d'or et de sodium doivent donner 49 parties d'or métallique et 15 parties de chlorure de sodium.

Pour faire le chlorure d'or avec des pièces de monnaie, il faudrait multiplier les opérations avec perte de temps et sans économie. L'or pur est moins dur que l'argent et presque aussi mou que le plomb; on lui donne de la dureté en l'alliant à une petite quantité de cuivre; la monnaie d'or en France est au titre de 900 millièmes; c'est donc un dixième de cuivre que l'on aurait à éliminer si l'on n'avait pas d'or pur à sa disposition; mais il est très facile de se procurer de l'or laminé dans le commerce. L'or de la bijouterie est à un titre moindre que celui des monnaies; le plus bas est à 750 millièmes; le reste est un alliage de cuivre et d'argent ; il y aurait donc encore moins d'économie et plus de perte de temps à l'employer.

Les Photographes de tous les pays se sont plaints de la falsification du chlorure d'or, et M. le docteur Phipson nous a appris qu'une maison de commerce de Londres, sachant que le chlorure d'or est si souvent falsifié, a commencé à vendre ce produit sous garantie, ce qui donne à l'acheteur qui le fait analyser par un chimiste et qui y trouve trop peu d'or le droit de réclamer au magasin la quantité qui lui manque. Il paraît que depuis cette innovation la maison fait plus d'affaires. C'est justice, car combien de déceptions, d'ennuis de toutes sortes occasionnés par des produits défectueux et impurs !

On doit donner la préférence au chlorure d'or neutre, d'un rouge-brun, bien sec et en lames ; celui qui est jaune-orangé, en prismes quadrangulaires allongés, est plus déliquescent, contient souvent un excès d'acide, l'évaporation n'ayant pas été poussée assez loin.

Quelques essais ont été faits avec le chlorure de platine et ont réussi. L'avantage, si l'emploi se généralise, serait d'obtenir ce produit à un prix moindre que le chlorure d'or.

CHAPITRE XII.

RENSEIGNEMENTS GÉNÉRAUX SUR L'ENSEMBLE DES VIRAGES.

MM. Davanne et Girard ont fait une étude fort approfondie sur la théorie des virages, et refaire après eux ce travail, remarquable au point de vue de la science, serait au moins de la témérité; je me contenterai donc d'indiquer en quelques mots l'opération chimique qui a lieu et que les Photographes désignent sous le nom de virage.

L'opération du virage a pour but, comme chacun sait, de substituer à une coloration désagréable que prendrait l'épreuve au contact du fixateur ordinaire (l'hyposulfite de soude neuf) une coloration plus brillante de ton et de fraîcheur. Pendant quelques années, on fit usage de bains d'hyposulfite vieux et chargés d'argent ou acidulés pour opérer le changement de ton; mais l'expérience démontra bientôt que l'altération des épreuves ainsi obtenues était imminente. La sulfuration qui se produisait rendait les images photographiques d'une durée très limitée; on les voyait jaunir d'abord, puis s'effacer, principalement si elles étaient exposées à l'humidité. Les virages aux sels d'or, les seuls employés aujourd'hui, réunissent tous les avantages, sous le double rapport de la beauté des résultats et de la parfaite conservation des épreuves.

Il faut donc conclure qu'un virage énergique au bain d'or, une dorure profonde, sont des garanties de stabilité, et qu'une épreuve fortement virée et bien lavée ne passe pas.

Les virages se font ou avant ou après le fixage : l'expérience a démontré et la théorie a fort bien expliqué que le virage avant était de beaucoup préférable.

Le virage par les sels d'or est dû non-seulement au dépôt, mais encore à la substitution de l'or à l'argent ou, pour mieux dire, à la précipitation de l'or sur l'argent réduit.

Les expériences multipliées ont fait connaître qu'en général on retrouvait sur une épreuve virée quatre parties d'argent dorées par une partie d'or. La quantité d'or employée pour virer une feuille de 44 sur 56 peut être évaluée approximativement à 0gr030, en y comprenant la portion de bain que chaque feuille mouillée emporte avec elle.

Les formules de bains de virage sont innombrables, et il n'est pas un Photographe qui n'en ait une supérieure à toutes les autres. Elles peuvent être divisées en trois classes nettement distinctes :

1° Les préparations acides; 2° les préparations neutres; 3° les préparations alcalines.

Les bains d'or acides, soit qu'on se serve de chlorure d'or retenant une forte portion d'acide chlorhydrique, soit qu'on ajoute, comme je l'ai vu conseillé, de l'acide acétique ou nitrique, sont impropres à fournir de bonnes épreuves, et leur emploi doit être rejeté. Combien d'insuccès occasionnés par le chlorure d'or impur du commerce contenant un excès d'acide chlorhydrique ! Les épreuves dévirent à l'hyposulfite.

Les bains d'or neutres s'obtiennent ou en saturant par la craie la portion d'acide encore retenue par le chlorure d'or, ou par l'addition déterminée d'un sel alcalin. Le bain neutre est excellent; il donne des images d'une richesse et d'un ton remarquables; il marche avec régularité; le virage se fait en quelques minutes; on peut s'en servir douze à quinze heures après sa préparation, alors qu'il est décoloré, ce qui a lieu lorsque le persel d'or jaune dont le bain est primitivement formé se trouve réduit à l'état de protosel.

Les bains alcalins sont le résultat d'une plus forte

addition au chlorure d'or d'un des sels alcalins, tels que acétate, phosphate, carbonate, bi-carbonate, borate de soude, etc. ; et lorsque, ayant dépassé le point de neutralité absolue, la solution présente une réaction alcaline. Ils donnent de bons résultats, mais seulement ils sont moins stables, et au bout de quelques jours de préparation ils n'ont plus ou peu d'action, bien que renfermant encore de fortes portions d'or.

Le chlorure de chaux peut remplir le même but que les sels ci-dessus désignés. MM. Davanne et Girard n'en conseillent cependant pas l'emploi, parce que l'hypochlorite qu'il renferme peut provoquer la décomposition du bain et attaquer la pâte du Papier. Ce corps, du reste, n'agit que par la chaux en excès qu'il renferme. Ce bain a été fort prôné pendant quelque temps. Les bains très légèrement alcalins finiront par être les seuls employés ; ils donnent de jolis tons noirs-violacés qui sont la teinte normale des bons virages.

CHAPITRE XIII.

FORMULES DE VIRAGE.

Les formules de virage sont nombreuses. J'ai dû faire un choix, afin de n'indiquer que celles capables de donner de bons résultats; j'ai en conséquence expérimenté celles qui m'ont été communiquées avant de les recommander. Les opérateurs ayant l'habitude d'un virage réussissant bien auront raison de le continuer; l'expérience de ceux dont je vais donner les formules peut être faite néanmoins à titre de comparaison.

De tous les procédés de virage, le plus généralement employé est celui à l'acétate de soude; c'est M. l'abbé Laborde qui le premier en proposa l'emploi en 1859. Depuis, la formule qu'il a indiquée n'a pas subi de changements. En voici les proportions :

Chlorure d'or neutre......	1 gr.
Acétate de soude fondu....	30
Eau distillée..............	1,000

On agite jusqu'à dissolution; la liqueur obtenue sera jaune-clair. Si l'on s'en servait de suite, le virage se ferait rapidement, mais les épreuves seraient rongées, surtout si le chlorure d'or employé était acide. Il faudrait attendre que la solution fût décolorée, ce qui a lieu, dans les chaleurs de l'été, en six à huit heures, et en hiver, dans les vingt-quatre heures; le virage se fait alors plus lentement, mais plus régulièrement. Lorsque l'on se sert d'un virage très alcalin préparé depuis trop longtemps, il arrive parfois que l'action de ce dernier est presque nulle, comme je l'ai déjà indiqué. Pour lui rendre ses qualités primitives, il faut ajouter à ce bain quelques grammes d'une solution un peu concentrée de chlorure d'or (1 pour 100 d'eau par exemple) ou le chauffer légèrement. Pour les amateurs qui ont peu d'épreuves à virer, il serait plus prudent de faire deux solutions séparées : dans l'une, 1 gramme de chlorure d'or brun et 500 grammes d'eau, et dans l'autre, 30 grammes d'acétate de soude et 500 grammes d'eau. Ces solutions ainsi séparées se conserveront, et quelques heures avant d'opérer le virage il suffira de mélanger par parties égales la quantité à peu près voulue pour le nombre d'épreuves à virer. On peut mettre dans le même virage une certaine quantité d'épreuves, en ayant soin de bien les égoutter, de manière à ce qu'elles soient le moins mouillées possible. Pour bien suivre l'opération, on met le côté impressionné en dessus, en agitant continuellement et en changeant les images de place. Une épreuve qui serait trop adhérente à une autre, en tout ou partie, ne recevant pas à l'endroit recouvert l'action du virage, ferait une épreuve de plusieurs nuances. Lorsque les épreuves ont atteint le ton désiré, on les réunit dans une bassine d'eau ordinaire. L'expérience a démontré qu'il y avait avantage à les y laisser environ une heure avant de les fixer.

Voici une modification à la formule précédente et qui donne de très bons résultats.

Faites dissoudre d'une part :

Chlorure d'or pur.......	1 gr.
Eau distillée............	1,000

D'autre part :

Acétate de soude.......	20 gr.
Phosphate de soude.....	5
Eau distillée...........	1,000

Versez la première solution dans la seconde et faites usage après décoloration.

Ces deux solutions séparées se conservent indéfiniment; on peut n'en mélanger, quelques heures avant d'en faire usage, que les quantités jugées nécessaires pour le nombre d'épreuves à virer. Dans les grandes chaleurs de l'été, alors que le Papier jaunit facilement, on peut ajouter à la solution d'acétate et phosphate 1 gramme hypochlorite de chaux (chlorure de chaux), que l'on aura délayé avec un peu d'eau distillée dans un petit mortier de verre ou de porcelaine ; les blancs deviennent très purs.

Tous les sels alcalins ou à base alcaline, tels que le borate de soude, l'hypochlorite ou chlorure de chaux, les carbonates de potasse, de soude, d'ammoniaque, de chaux, etc., etc., peuvent également être associés au chlorure d'or et fournir de bons virages en les dosant suivant leur degré d'alcalinité. Le phosphate de soude, seul, associé au chlorure d'or fournit un bon virage. En voici les proportions :

Chlorure d'or neutre..........	1 gr.
Phosphate de soude...........	20
Eau distillée....................	1 lit.

Le phosphate de soude se dissout plus difficilement que l'acétate ; on pourra le réduire en poudre. Pour tous les virages, il y a avantage à dépasser un peu le ton que l'on désire, car par le fixage à l'hyposulfite les épreuves baissent un peu et ont tendance à retourner au ton rouge. L'opération du virage doit toujours être faite à une faible lumière, l'épreuve n'étant complétement insensible au jour qu'après le fixage à l'hyposulfite. Il est des plus important que les doigts n'aient pas été en contact avec ce dernier sel pendant l'action du virage.

Le bi-carbonate de soude et l'acide citrique fournissent un virage dont voici la formule :

Bi-carbonate de soude.....	10 gr.
Acide citrique..............	2
Chlorure d'or...............	1
Eau distillée ou de pluie..	1,200

On peut, si on le désire, faire des solutions séparées et les réunir dans des proportions égales, un jour à l'avance, avant de s'en servir. Tous les virages aux sels de soude donnent à peu près les mêmes tons, noirs-violacés-pourprés. Ce virage est peu stable.

Le chlorure ou hypochlorite de chaux, associé seul au chlorure d'or, forme un virage énergique; il donne des tons noirs-bleus intenses. Malheureusement il détruit un peu les demi-teintes, et les épreuves sont souvent prédisposées à se sulfurer à l'hyposulfite. Voici sa formule :

Chlorure de chaux..............	3 gr.
Chlorure d'or.....................	1
Eau................................	2 lit.

Quelques opérateurs mettent jusqu'à 4 litres, ce qui a fait donner à ce bain probablement le nom de virage économique. Mais une solution plus ou moins étendue ne constitue pas une économie; le but à atteindre est de donner au bain la propriété d'utiliser tout le chlorure d'or qu'il contient; qu'il soit plus ou moins dilué, cela n'a pas d'importance.

Le carbonate de chaux ou craie, blanc d'Espagne ou de Meudon, ce qui est toujours le même produit, peut être utilisé pour obtenir des bains neutres; il suffit d'en ajouter de 10 à 15 grammes par litre de solution de chlorure d'or; on peut également en associer quelques grammes à un bain au sel de soude quelconque, en diminuant la quantité de ce dernier sel. Le rôle que joue la craie est de s'emparer des dernières traces d'acide. Ainsi, avec un chlorure d'or très peu acide, on obtiendra avec la formule suivante un bain complétement neutre :

Chlorure d'or...............	1 gr.
Carbonate de soude........	10
Carbonate de chaux........	5
Eau distillée ou de pluie..	1,000

Les autres sels de soude peuvent remplacer le carbonate de soude. Après douze heures de repos, la liqueur sera décolorée, et le carbonate de chaux, qui est insoluble, restera au fond du flacon; on décante ou l'on filtre. Les bains neutres donnent de jolis tons et sont stables.

La manière d'opérer et la formule suivante offrent

un certain avantage; ce procédé est principalement employé en Angleterre. En voici la composition :

On fait dissoudre dans un flacon :

Chlorure de chaux..........	3 gr.
Acétate de soude............	8
Carbonate de soude.........	8
Eau distillée..................	100

Pour faciliter la dissolution, on réunit ces diverses substances dans un petit mortier en porcelaine; on les triture en y ajoutant une faible quantité d'eau jusqu'à consistance épaisse, puis on les délaie avec ce qui reste des 100 grammes d'eau.

De cette solution, on prend 5 grammes que l'on verse dans un litre d'eau ordinaire, ou mieux de pluie; on remue et l'on ajoute 25 centigrammes de chlorure d'or. Ce mélange fait le matin, on peut s'en servir le soir même ou attendre plus longtemps. Toutes les épreuves sont mises ensemble dans ce bain. Un litre peut virer de cent à cent vingt épreuves cartes de visite. Ce bain étant très étendu, il faut environ une heure pour obtenir tout l'effet du ton désiré; mais en augmentant proportionnellement les dosages de la solution de chlorure de chaux et d'acétate et la quantité de chlorure d'or, par exemple le double de chaque, soit 10 grammes de solution et 50 centigrammes de chlorure d'or, on obtient un virage aussi beau et beaucoup plus prompt. L'expérience a démontré cependant que la substitution de l'or à l'argent se faisait plus régulièrement en agissant lentement.

Quelques opérateurs se servent du virage au chlorhydrate d'ammoniaque. Voici la formule ordinaire :

Faire dissoudre, d'une part, dans

Eau distillée................	1,000 gr.
Chlorure d'or..............	1

D'autre part, dans

Eau..........................	1,000 gr.
Hyposulfite de soude......	4
Chlorhydrate d'ammoniaque.........................	20

Versez peu à peu la première solution dans la seconde.

On peut remplacer le chlorure d'or et l'hyposulfite par 1 gramme de sel d'or de MM. Fordos et Gelis; les manipulations sont les mêmes que pour les autres procédés.

Je terminerai la série des virages par une formule qui permet de virer et de fixer tout à la fois. Ce bain se compose de la manière suivante :

Eau distillée.................	500 gr.
Chlorure d'or................	1

Ajouter cette solution à la suivante :

Eau............................	500 gr.
Hyposulfite de soude........	200

Il faut verser peu à peu la solution de chlorure d'or dans celle d'hyposulfite, autrement, ce dernier sel étant en excès, il y aurait décomposition.

Les épreuves sont immergées dans ce bain sans lavages préalables, et lorsqu'elles ont atteint la couleur noire-violacée ou noire-bleue, elles sont virées et fixées. J'ai vu de belles épreuves obtenues avec ce mode de préparation. Ce bain sert indéfiniment; il suffit de l'entretenir dans les mêmes conditions, au fur et à mesure qu'il s'épuise; malheureusement je crains, pour la solidité des épreuves ainsi traitées, que les inconvénients des bains d'hyposulfite vieux se représentent. On pourrait y remédier en ajoutant quelques gouttes d'ammoniaque dans les premières eaux de lavage; ce serait, je pense, une bonne précaution. Le seul avantage de ce dernier virage est la simplicité des manipulations, qui se réduisent à un seul bain; mais il reste à savoir si leur solidité probable est une compensation. Je ne le pense pas.

CHAPITRE XIV.

FIXAGE. — BAIN D'HYPOSULFITE DE SOUDE.

Lorsque toutes les épreuves sont virées et ont atteint le ton désiré, ce qu'il ne faut pas pousser trop loin, car on obtiendrait des épreuves grises, on les réunit dans une bassine d'eau ordinaire, et on les immerge dans un bain neuf d'hyposulfite de soude, à 20 ou 25 pour 100, que l'on a préparé à l'avance. Ce bain ne doit jamais servir plusieurs fois, il est important de le renouveler à chaque opération ; les épreuves doivent y rester de dix à vingt minutes environ, et pas au delà (ce serait tout à fait inutile), car elles ne seraient pas mieux fixées et elles perdraient de leur fraîcheur. On peut s'assurer que les épreuves sont suffisamment fixées lorsque, par transparence, le Papier paraît dans les grands blancs aussi pur que s'il n'avait subi aucune préparation. Il faut avoir soin, lorsque les épreuves sont au fixage, de les remuer souvent et de les changer de place, dans la crainte qu'elles ne soient collées les unes aux autres, ce qui ferait un fixage incomplet pour quelques-unes, n'ayant pas entre elles une couche d'hyposulfite suffisante pour être fixées complétement. Aux premiers moments du contact du bain fixateur, les épreuves baissent de ton; mais elles remontent bien vite si toutes les opérations précédentes ont été faites dans de bonnes conditions. Une épreuve qui se trouverait trop vigoureuse pourrait être diminuée de ton dans un bain d'hyposulfite à saturation; mais ce moyen extrême ne réussit pas souvent à donner de bons résultats. M. Meynier, de Marseille, a proposé l'emploi d'un agent nouveau, le sulfocyanure d'ammonium, pour remplacer l'hyposulfite de soude, et qui n'aurait pas, comme ce dernier, l'inconvénient de précipiter du sulfure d'argent avec l'azotate d'argent. Ce produit, assez cher d'abord, est arrivé aujourd'hui à un prix fort abordable, et nul doute qu'avant peu il ne soit exclusivement employé. Il ne reste plus à faire subir aux épreuves que les derniers lavages pour les débarrasser des traces d'hyposulfite restant dans la pâte du Papier. Beaucoup de moyens ont été proposés, on à même inventé des appareils fort compliqués; le plus simple à mon avis, lorsqu'on a l'eau à sa disposition, est le changement par déplacement.

Toutes les épreuves étant réunies dans une grande cuvette ou bassine, on y fait arriver l'eau par un robinet et par un tuyau, de manière à ce qu'il plonge jusqu'au fond de la cuvette; un tuyau en caoutchouc serait excellent. En haut et aux deux tiers de la cuvette environ, on pratique un trou pour le trop-plein, en ayant soin de régler les deux ouvertures. Par ce système, deux heures de lavage peuvent suffire, l'eau se renouvelant sans cesse. On arrive au même résultat en changeant l'eau huit à dix fois en douze heures; mais par le premier moyen que j'indique, on n'a pas besoin de s'en occuper.

Les épreuves bien lavées sont séchées, soit en les suspendant, soit en les épongeant au buvard. Ce papier doit être spécialement réservé pour cet usage. La dernière opération, qui consiste à émarger, coller et cylindrer, est trop connue des opérateurs pour que j'en parle; je dirai seulement que la colle d'amidon me semble préférable pour monter les épreuves. Ce corps est neutre et ne peut avoir d'action fâcheuse; puis, par sa blancheur, il ne forme entre le bristol et l'épreuve aucune transparence, ce qui est important pour les épreuves à fond dégradé. Cet encollage s'obtient en faisant cuire sur un feu doux, et jusqu'à consistance convenable, 8 à 10 pour 100 de bel amidon, ou en versant de l'eau bouillante dessus dans les mêmes proportions et en remuant avec une cuillère de bois. Dans les temps chauds, il faut renouveler souvent cette colle, car, comme toutes les compositions de ce genre, elle s'altère et s'acidifie assez vite.

Après le satinage, la dernière opération consiste à passer sur les épreuves un morceau de flanelle imbibé d'encaustique, qu'il est facile de préparer avec de la cire vierge et de l'essence d'aspic ou de térébenthine par parties égales, et que l'on fait fondre au bain-marie; on essuie avec un morceau de flanelle. Les traces de colle et de doigts et même les retouches faites à l'encre de Chine disparaissent, et les épreuves acquièrent un peu de brillant.

CHAPITRE XV.

DES RÉSIDUS.

Dans les commencements de la Photographie sur Papier, on ne connaissait pas l'importance de conserver les résidus, surtout ceux contenant de l'or et de l'argent. L'analyse a cependant prouvé qu'il n'y avait qu'un dixième de ces métaux précieux de réellement employé; le surplus devrait donc se retrouver. Aujourd'hui tous les opérateurs mettent soigneusement de côté les vieux bains d'argent hors de service, les solutions d'or, les eaux de lavages, les papiers et les filtres. Il existe quelques maisons spéciales qui achètent et se chargent du traitement des résidus; les Photographes n'ont donc qu'à les précipiter et les réduire sous le plus petit volume possible. Les Papiers nitratés n'ayant pas été employés, les filtres des solutions d'argent seront brûlés et l'on en recueillera la cendre; les eaux de lavages précédant le virage, surtout les premières, seront précipitées avec du sel marin ou de l'acide chlorhydrique; on recueillera le précipité formé, sur un filtre ou dans une chausse en feutre ou en flanelle; ce résidu séché est très riche.

Voici la manière d'opérer pour ramener à l'état métallique le chlorure d'argent pur.

On mélange intimement :

Chlorure d'argent séché.	100 parties
Carbonate de chaux......	70
Charbon pulvérisé........	4

On met ce mélange dans un creuset que l'on chauffe au rouge vif pendant environ une demi-heure, trois quarts d'heure; on laisse refroidir, et en brisant le creuset on trouve un culot d'argent pur.

Pour les cendres, on les mélange avec un poids égal de carbonate de soude sec ; on fait fondre le tout dans un creuset; on élève la température au rouge très vif; après le refroidissement, on trouve dans le fond du creuset un culot d'argent pur, dont le poids peut égaler un tiers de celui des cendres.

FIN.

BIBLIOTHÈQUE NATIONALE R.F. IMPRIMÉS

TABLE

FIN DE LA TABLE.

97

La crécelle du brouillage devint une musique irritante, tantôt forte, tantôt plus sourde, plus lointaine. Les yeux du major cherchèrent l'horloge, puis accrochèrent Slim.

— Je vous crois très habile, Regan, prononça-t-il lentement, mais je suis certain que, cette fois, vous faites erreur... Crofts, si vous pouvez avoir Loose, signalez-lui d'attendre l'aube. J'espère qu'il aura assez d'essence.

Crofts s'approcha du micro. Soudain, le haut-parleur se tut, et la voix de Loose, toute petite et comme perdue au fond de la nuit, résonna :

— ... Impossible... Vous m'entendez, Star Blue... Je descends... vent debout... Ressemble à un assassinat... Je...

Le haut-parleur s'emplit de tumulte, de ronflements, de sifflements, comme si toutes les rafales s'y étaient subitement engouffrées. Wilkins écarta Crofts et cria :

— Pin-up 8... Altitude 4... altitude 4... jusqu'au jour !

Il cogna du poing sur la table et, sans regarder personne, regagna la salle de veille. Les autres le suivirent.

Ils restèrent silencieux, fumant cigarette sur cigarette. Ce fut alors que l'avion passa en trombe, cherchant son terrain.

— Loose perd la tête, murmura Abbott.

Ils entendaient distinctement la note tendue, sifflante, des moteurs lancés à plein régime. L'avion tâtonnait, à l'extrémité du terrain, dans le brouillard de pluie qui ouatait les feux. Il s'éloigna vers la droite.

— Je le vois ! hurla Crofts.

Slim, de toutes ses forces, scrutait l'ombre à travers l'essuie-glace. Il n'apercevait que le ventre ballonné des nuages, où les projecteurs allumaient des reflets roussâtres. Et, tout à coup, une colonne de flammes jaillit, roide, aveuglante. Le sol vibra. Le vent de l'explosion fouetta les vitres. On n'entendit plus les moteurs. Il n'y avait plus que ce champignon infernal.

— Loose ! Loose ! répétait Abbott.

Wilkins s'essuya le front.

— Crofts, souffla-t-il, restez en bas. Abbott, prenez l'écoute. Interdiction de se poser sur le terrain. Venez, Regan.

Ils dégringolèrent les deux escaliers et s'élancèrent dehors. La pluie les fouetta au visage, et ils penchèrent la tête du côté d'où soufflait le vent. Ils coururent sur le dur ciment.

La chaleur du brasier les arrêta. Dans le feu, des fantômes évoluaient dans un nuage de neige carbonique. A terre, une glue noirâtre empâtait les souliers. L'un des pompiers vêtu d'amiante recula en titubant. Il s'écroula en arrachant sa cagoule. Slim vit couler sur lui de l'aluminium en fusion. Armé d'une hache, un autre pompier se jeta dans les flammes. Ses mains gantées arrachaient les tôles fondantes ; la hache taillait, taillait dans les flammes et le métal. Un odeur lourde de caoutchouc, d'huile brûlée et de chair carbonisée fit chanceler Slim. Il regardait ce magma écrabouillé, tordu par le feu. Une chose noire, fumante, se dessina sur un fond de flammes. Cela ressemblait à un bras tordu. Plus bas, une boule ronde découvrait une mâchoire blanche, ricanante. Slim détourna les yeux. Il avait envie de vomir.

— Fini, dit Wilkins. Les pauvres gars !

— Loose avait accompli cinquante-sept missions de bombardement sur l'Allemagne, murmura quelqu'un. Ils ont fini par l'avoir.

— Il faut que j'aille téléphoner au Q. G., dit Wilkins.

Il s'éloigna à petits pas, le dos rond, et l'incendie cuivrait son uniforme. Slim le regarda un instant, songeur. Cet homme souffrait beaucoup plus qu'il ne le montrait.

— Ambulanciers ! appela une voix sèche.

Les hommes commencèrent à déplier un drap. Slim revint vers la tour de contrôle. Il trouva Wilkins en train de reposer le téléphone sur sa fourche. Crofts et Abbott se tournaient le dos.

— Maintenant, Regan, dit Wilkins d'un ton bref, je vous écoute. Vous disiez tout à l'heure que l'un de nous trois...

Slim, les mains dans les poches, longea le vitrage, où la pluie s'entrelaçait toujours en rigoles pressées. Un rougeoiement confus brasillait encore dans la nuit. Des jeeps, des camions traversaient à toute allure la coulée blanchâtre des projecteurs. Slim haussa les épaules.

— Vous avez raisonné comme moi, Wilkins. Alors, concluez vous-même.

— Allons donc ! s'écria Wilkins. Vous voulez connaître nos états de service ? Nous sommes partis tous trois simples soldats, Regan.

— Je sais tout ça, coupa Slim. Pour le moment, je n'accuse personne.

www.ingramcontent.com/pod-product-compliance
Ingram Content Group UK Ltd.
Pitfield, Milton Keynes, MK11 3LW, UK
UKHW012104240726
13965UKWH00004B/1530

9 782013 055222